NATIONAL GEOGRAPHIC
School Publishing

Ciclos de vida de los animales

Nisha Da Silva

PICTURE CREDITS

Cover, 1, 2, 6–7 (all), 8–9 (all), 10, 13 (above right), 14, 15 (right and above left), 17 (all sidebar pictures), 19 (below left), 20 (below right), 21 (all), Photolibrary.com; 4 (left and above right), 5 (above right), Jane Burton/Dorling Kindersley; 4 (below right), Ian M. Butterfield/Alamy; 5 (above left and below), 12, 18 (below left), Getty Images; 11 (above), 13 (below left), 16 (above left), 17 (above left), 20 (above), blickwinkel/Alamy; 11 (below), Roger De La Harpe/Animals Animals – Earth Scenes; 13 (above left), 16 (below), David Hosking/Alamy; 13 (below right), 20 (below left), Peter Arnold, Inc./Alamy; 15 (below left), Breck P. Kent/Animals Animals – Earth Scenes; 17 (below left), Papilio/Alamy; 18 (above right), Manor Photography/Alamy; 19 (above), Reijo Juurinen/Naturbild/naturepl.com; 19 (below), APL/Corbis.

Produced through the worldwide resources of the National Geographic Society, John M. Fahey, Jr., President and Chief Executive Officer; Gilbert M. Grosvenor, Chairman of the Board.

PREPARED BY NATIONAL GEOGRAPHIC SCHOOL PUBLISHING

Steve Mico, Executive Vice President and Publisher, Children's Books and Education Publishing Group; Marianne Hiland, Editor in Chief; Lynnette Brent, Executive Editor; Michael Murphy and Barbara Wood, Senior Editors; Nicole Rouse, Editor; Bea Jackson, Design Director; David Dumo, Art Director; Shanin Glenn, Designer; Margaret Sidlosky, Illustrations Director; Matt Wascavage, Manager of Publishing Services; Sean Philpotts, Production Manager.

SPANISH LANGUAGE VERSION PREPARED BY
NATIONAL GEOGRAPHIC SCHOOL PUBLISHING GROUP

Sheron Long, CEO; Sam Gesumaria, President; Fran Downey, Vice President and Publisher; Margaret Sidlosky, Director of Design and Illustrations; Paul Osborn, Senior Editor; Sean Philpotts, Project Manager; Lisa Pergolizzi, Production Manager.

MANUFACTURING AND QUALITY MANAGEMENT

Christopher A. Liedel, Chief Financial Officer; George Bounelis, Vice President;
Clifton M. Brown III, Director.

BOOK DEVELOPMENT

Ibis for Kids Australia Pty Limited.

SPANISH LANGUAGE TRANSLATION

Tatiana Acosta/Guillermo Gutiérrez

SPANISH LANGUAGE BOOK DEVELOPMENT

Navta Associates, Inc.

Published by the National Geographic Society
Washington, D.C. 20036-4688

ISBN: 978-0-7362-3863-2

Printed in Canada

12 11 10 09 08

10 9 8 7 6 5 4 3 2

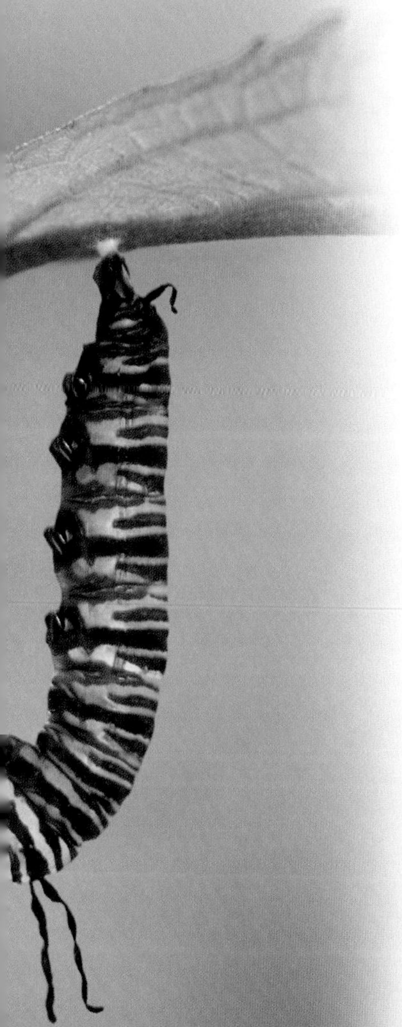

Contenido

Pensar y conversar

Conversen sobre el ciclo de vida de estos animales. ¿Cómo crecen y cambian estos animales?

Grupos de animales

Hay muchos tipos diferentes de animales. Podemos **clasificar,** o poner en grupos, a los animales. Los animales de cada grupo se parecen en muchos aspectos. Sus **ciclos de vida** también son similares.

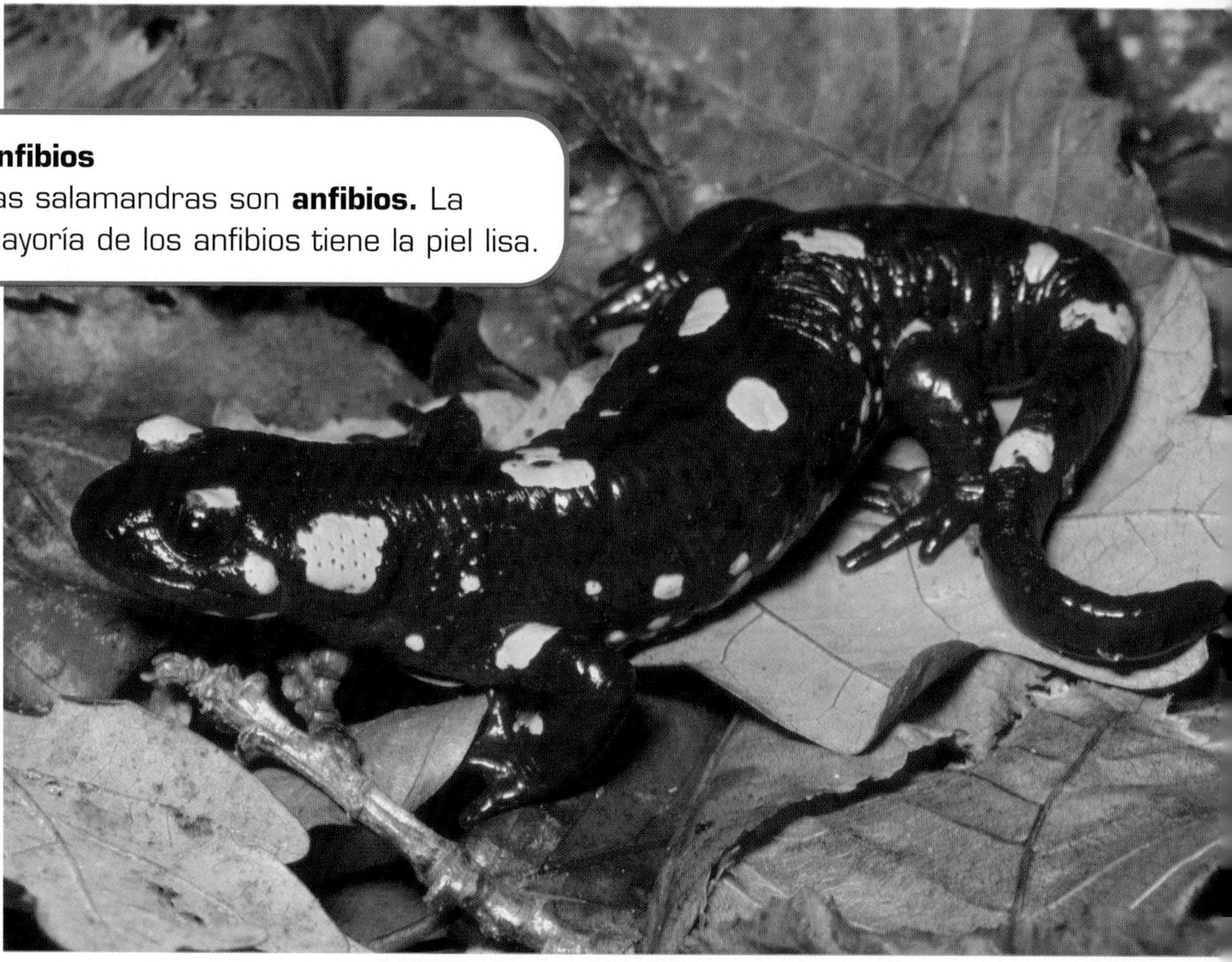

Anfibios
Las salamandras son **anfibios.** La mayoría de los anfibios tiene la piel lisa.

Reptiles

Los lagartos son **reptiles.** Los reptiles suelen tener la piel escamosa.

Mamíferos

Los caballos son **mamíferos.** Todos los mamíferos tiene algún tipo de pelaje.

Aves

Las lechuzas son **aves.** Las aves tienen plumas, alas y pico.

Peces
Los tres colas son **peces.** Los peces viven en el agua y tienen branquias que les permiten respirar.

Insectos

Los insectos son otro grupo de animales. La mayoría de los insectos tiene las siguientes características:

- seis patas
- antenas
- alas
- cuerpo dividido en tres partes
- cubierta dura

Crías de animales

Animales de diferentes tipos comienzan su vida de manera distinta. La mayoría de los mamíferos paren crías vivas. Muchos peces y reptiles nacen de huevos.

Los tigres son mamíferos. Cuando un mamífero nace, sus padres se ocupan de él.

Cuando salen del huevo, las crías de trucha se esconden para protegerse. La mayoría de los peces no cuidan de sus crías.

Los huevos de reptil son blandos y correosos. Esta cría de cocodrilo acaba de salir del cascarón.

Las aves nacen de huevos. Los anfibios también nacen de huevos.

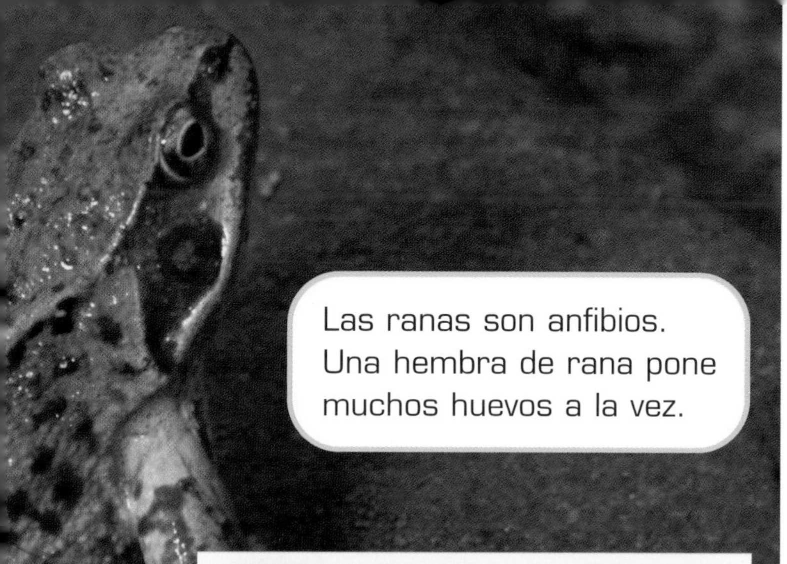

Las ranas son anfibios. Una hembra de rana pone muchos huevos a la vez.

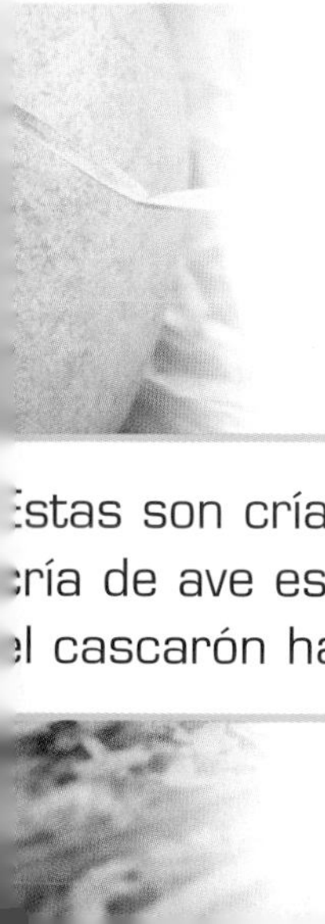

Estas son crías de ganso canadiense. Cuando una cría de ave está lista para salir del huevo, picotea el cascarón hasta romperlo.

Huevos de insecto

La mayoría de los insectos ponen huevos. Hay huevos de muchas formas y tamaños.

La mariposa monarca pone sus huevos en las hojas. Cuando salen del huevo, las orugas se comen la cáscara.

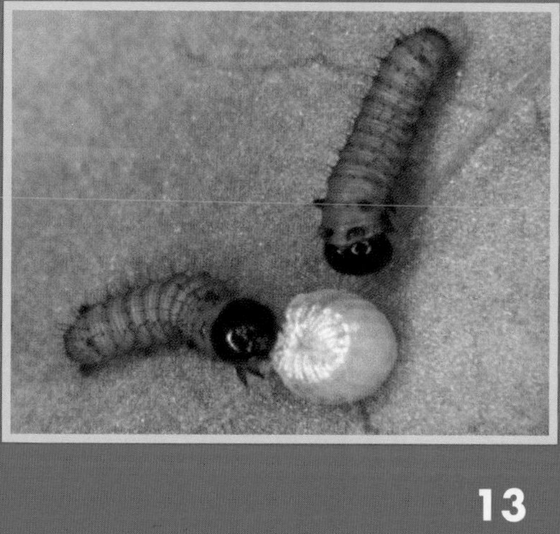

Crecer y cambiar

Los animales cambian a medida que crecen. Se hacen más grandes y fuertes. Algunos también cambian de color.

A medida que van creciendo, las crías de mamífero aprenden a cuidar de sí mismas. Los tigres jóvenes aprenden a cazar sus propias presas.

A medida que este ganso canadiense crece, sus plumas se van haciendo largas y resistentes para que pueda volar.

La mayoría de los reptiles mudan la piel a medida que van creciendo. Este cocodrilo muda las escamas una por una.

Las truchas cambian de color a medida que crecen.

Algunos animales pasan por etapas muy diferentes durante el crecimiento. Este proceso se llama **metamorfosis.**

Metamorfosis de una rana

Los huevos de rana contienen diminutos renacuajos.

Una rana adulta tiene pulmones. Puede respirar aire. Ya no tiene cola.

Jn renacuajo joven tiene cola. Usa sus ranquias para respirar en el agua.

A medida que crece, al renacuajo le salen patas.

Metamorfosis de los insectos

Algunos insectos también sufren una metamorfosis. Observen el ciclo de vida de abajo. La mariposa ha sido antes un huevo, una oruga, y una **crisálida.**

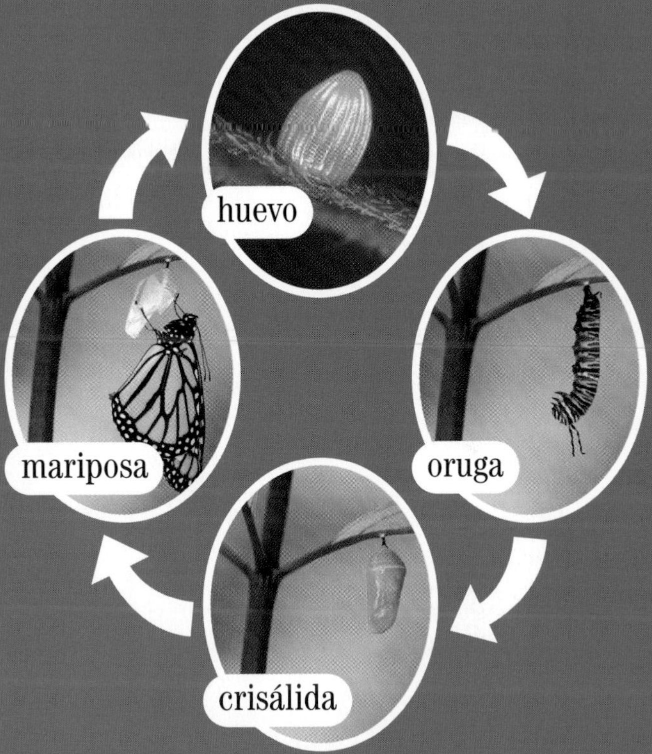

Vida nueva

Cuando un animal joven se convierte en adulto, está listo para encontrar pareja y **reproducirse.**

Las hembras de rana suelen poner sus huevos en el agua.

Una tigresa suele tener dos o tres cachorros.

Muchas aves se sientan sob sus huevos para calentarlos

Una hembra de trucha puede poner hasta 60 huevos. El macho permanece cerca.

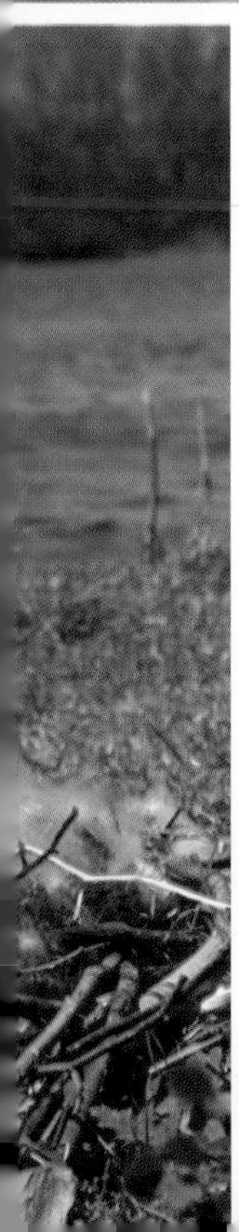

Esta hembra de cocodrilo cubre sus huevos con arena. Mientras, el macho vigila.

Usar lo que aprendieron

Conversen sobre los animales de estas fotografías. ¿Cómo cambian y crecen diferentes animales?

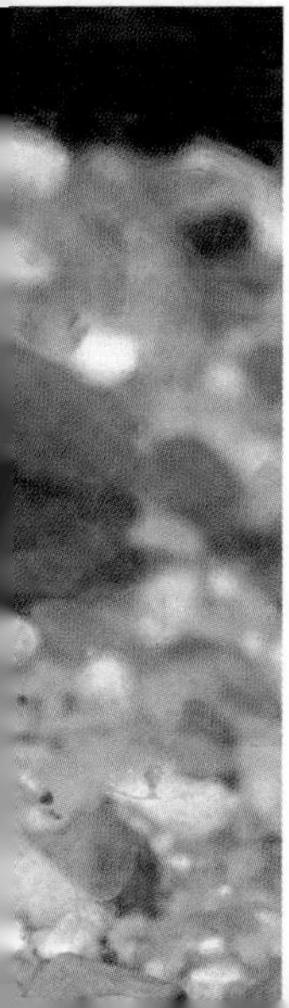

anfibio

ave

ciclo de vida

clasificar

mamífero

metamorfosis

peces

reproducirse

reptil

Glosario

CONCEPTO CLAVE

anfibio (página 6)
Tipo de animal que tiene la piel lisa y suele pasar por una metamorfosis mientras crece
La salamandra es un tipo de anfibio.

CONCEPTO CLAVE

ave (página 8)
Tipo de animal que tiene plumas, alas y pico
La lechuza es un tipo de ave.

CONCEPTO CLAVE

ciclo de vida (página 6)
Etapas por las que atraviesa un animal a lo largo de su vida
La reproducción es una etapa importante en el ciclo de vida de los animales.

CONCEPTO CLAVE

clasificar (página 6)
Organizar en grupos cosas con características similares
Los científicos clasifican como aves a los animales que tienen alas.

crisálida (página 17)
Recubrimiento de una oruga mientras se transforma en mariposa
La oruga de monarca desarrolla una crisálida antes de transformarse en mariposa.

CONCEPTO CLAVE

mamífero (página 7)
Tipo de animal que tiene pelaje y produce leche para alimentar a sus crías
El caballo es un tipo de mamífero.

CONCEPTO CLAVE

metamorfosis (página 16)
Cambio de forma como parte del crecimiento
Un renacuajo pasa por una metamorfosis para convertirse en rana.

CONCEPTO CLAVE

peces (página 9)
Tipo de animal que vive en el agua y suele tener escamas, aletas y branquias
El tres colas es un tipo de pez.

CONCEPTO CLAVE

reproducirse (página 18)
Crear vidas nuevas
Cuando un animal se reproduce, tiene crías.

CONCEPTO CLAVE

reptil (página 7)
Tipo de animal que tiene la piel escamosa y suele poner huevos
La iguana es un tipo de reptil.

Índice